GEORGES DE LA TOUR,
UN PEINTRE ÉNIGMATIQUE

— De l'ombre à la lumière

par Tatiana Sgalbiero

50MINUTES

Avec la collaboration d'Elisabeth Bruyns

GEORGES DE LA TOUR

- **Naissance ?** Né en 1593 à Vic-sur-Seille, près de Metz.
- **Mort ?** Décédé le 30 janvier 1652 à Lunéville.
- **Contexte ?** Le baroque français.
- **Œuvres majeures ?**
  - *Le Tricheur à l'as de carreau* (1625)
  - *Rixe de musiciens* (1625-1630)
  - *Le Joueur de vielle* (1631-1636)
  - *La Madeleine à la veilleuse* (1640 1645)
  - *Les Larmes de saint Pierre* (1645)
  - *Le Nouveau-né* (1645-1648)
  - *Le Reniement de saint Pierre* (1650)

Au XVIIe siècle, Georges de La Tour est l'un des peintres français les plus célèbres. Sa production, qui compte plus de 400 œuvres, connaît un important succès en Lorraine et à la cour de Louis XIII (1601-1643). Pourtant, à sa mort, la majeure partie de ses tableaux est perdue – la plupart sont en réalité attribués à d'autres peintres de l'époque – et le peintre tombe dans l'oubli, au point que les traces de son existence sont ténues. Aussi un certain mystère entoure-t-il Georges de La Tour, dont la biographie et l'œuvre présentent l'une comme l'autre de larges zones d'ombre.

Ce n'est qu'au début du XXe siècle que l'artiste est redécouvert : en 1893, Hippolyte Taine (1828-1893) s'intéresse au *Nouveau-né* et peu après, en 1915, Hermann Voss (1884-1969) relie entre elles trois œuvres, qu'il attribue au peintre lorrain. Georges de La Tour accède alors enfin à la reconnaissance et ses œuvres lui sont restituées. Toutefois, aujourd'hui encore, on continue de découvrir régulièrement de nouvelles toiles du maître, quand d'autres œuvres qui lui étaient attribuées s'avèrent finalement être des copies. En réalité, seules deux toiles sont datées et signées par Georges de La Tour : *Les Larmes de saint Pierre* (1645) et *Le Reniement de saint Pierre* (1650). Ainsi, l'attribution et la datation de ses tableaux font toujours, à l'heure actuelle, l'objet de débats.

Du point de vue artistique, Georges de La Tour se situe à la croisée de plusieurs esthétiques. Son œuvre présente un savant mélange de caravagisme et d'influence flamande, allemande et française. À partir de ces divers ingrédients, il élabore un style très personnel que ses contemporains ont beaucoup imité. Mais ce style particulier confère à ses toiles beaucoup de mystère et rend leur interprétation difficile. Le sujet même de certains tableaux est encore parfois discuté.

CONTEXTE

L'EUROPE DANS LA TOURMENTE

L'Europe du XVIIe siècle est le théâtre de nombreux conflits, notamment sur le plan religieux. Suite au concile de Trente (1545-1563), l'Église catholique lance la Contre-Réforme, un vaste mouvement destiné à rendre son prestige au catholicisme. Affaiblie par la Réforme protestante au début du XVIe siècle, l'Église romaine entend ainsi reconquérir les fidèles acquis au protestantisme. Dans ce cadre, inévitablement, des tensions politiques naissent, surtout dans le Nord de l'Europe, en Allemagne, où princes protestants et princes catholiques s'affrontent, et dans les Pays-Bas espagnols, où les provinces du Nord (les actuels Pays-Bas), partisanes du protestantisme, s'opposent aux provinces du Sud (les actuels Belgique, Luxembourg et Nord de la France), majoritairement catholiques. Le roi d'Espagne, Philippe II (1527-1598), met tout en œuvre, sans aucune pitié, pour imposer la religion catholique et la répression face aux protestants est très violente. Ce conflit aboutit, à la fin du XVIe siècle, à la scission des Pays-Bas espagnols : tandis que le Sud demeure sous tutelle de la monarchie espagnole, le Nord proclame son indépendance en 1581, devenant la République des Sept Provinces-Unies.

LE PROTESTANTISME

Le protestantisme naît au XVIe siècle suite à la Réforme protestante, initiée par le théologien Martin Luther (1483-1546). En 1517, celui-ci dénonce, dans ses 95 thèses, les abus de l'Église romaine, notamment le commerce des indulgences. Luther et ses partisans prônent un retour aux sources du christianisme et placent le texte biblique au sommet de la hiérarchie ecclésiastique : la Bible est la seule autorité reconnue.

Les conflits entre catholiques et protestants perdurent au XVIIe siècle et aboutissent à la création des ligues protestante et catholique. Celles-ci sont à leur tour à l'origine de la guerre de Trente Ans, qui débute en 1618 et au cours de laquelle s'affrontent toutes les grandes puissances européennes : les catholiques d'une part, avec les Habsbourg d'Espagne, Rome et le Saint Empire romain germanique ; les protestants de l'autre, avec les Habsbourg d'Autriche, les Provinces-Unies, les protestants allemands, la France, le Danemark et la Suède. Ce conflit entraînera la ruine du Saint Empire romain germanique et la prospérité de la France sous Louis XIII et Louis XIV (1638-1715).

Parallèlement, l'Europe jouit d'un contexte culturel et scientifique particulièrement florissant. Les sciences connaissent d'importants développements, notamment grâce à l'héliocentrisme mis au jour par Galilée (1564-1642), à l'association entre sciences et philosophie établie par René Descartes (1596-1650) et Blaise Pascal (1623-1662), ou aux théories sur la gravitation terrestre de Johannes Kepler (1571-1630) et Isaac Newton (1643-1727). Il en résulte une meilleure connaissance du monde qui donne naissance à un nouvel esprit, plus moderne.

LA SITUATION DE LA FRANCE

En 1589, Henri IV (1553-1610), prince protestant, accède au trône français et se convertit au catholicisme quatre ans plus tard. En 1598, il promulgue l'édit de Nantes, qui met fin aux guerres de religion qui opposaient catholiques et protestants depuis 1562, et reconnaît la liberté de culte. Le nouveau souverain parvient ainsi à pacifier le royaume et récupère par ailleurs des territoires perdus lors des conflits. En 1610, lorsqu'il meurt poignardé en plein Paris, c'est Louis XIII qui lui succède. Le roi étant seulement âgé de huit ans, c'est sa mère, Marie de Médicis (1575-1642), qui assure la régence jusqu'en 1617. Avec l'aide de son ministre Richelieu (1585-1642), le monarque durcit la condition des nobles, écartés du pouvoir, et oriente la monarchie vers l'absolutisme. À sa mort, Anne d'Autriche (1601-1666), aidée de Mazarin (1602-1661), devient régente jusqu'à ce que son fils, Louis XIV, soit en âge de monter sur le trône, en 1661. C'est sous le règne de ce dernier que la politique de centralisation du pouvoir, entamée sous Louis XIII, connaît son apogée : ce n'est pas un hasard si Louis XIV est surnommé le Roi-Soleil.

Par ailleurs, tout au long du XVIIᵉ siècle, les monarques français mènent une politique d'expansion, annexant notamment la Lorraine, qui constitue alors un duché neutre. En 1634, le conseil souverain de Louis XIII s'installe à Nancy, se substituant aux anciennes autorités ducales. La ville est en effet d'un grand intérêt stratégique, puisqu'elle se trouve au carrefour des routes vers l'Italie, la Bourgogne et les provinces du Nord. La Lorraine ne sera pourtant réellement rattachée à la France qu'en 1766. Jusque-là, sa situation politique et géographique complexe en fait un État ravagé qui, en 1638, est mis à feu et à sang et pillé par les troupes françaises.

L'ART BAROQUE

Au XVIᵉ siècle, désireuse de rendre à l'Église catholique son prestige d'antan, la Contre-Réforme promeut un art religieux grandiloquent qui donne naissance au mouvement baroque. Considérée comme un outil au service de la propagande catholique, l'esthétique baroque est cependant également présente dans les milieux protestants. De plus, le baroque sert parfois de moyen d'expression pour le pouvoir absolutiste.

Né à Rome, capitale de la chrétienté, le baroque se propage rapidement dans toute l'Europe et connaît de nombreuses variantes locales. D'une manière générale, il se caractérise tout d'abord par un goût pour l'exagération, les extrêmes et les contrastes marqués. Les jeux de clair-obscur, très prisés par les peintres baroques tels que Pierre de Cortone (1596-1669) en Italie ou Diego Vélasquez (1599-1660) en Espagne, illustrent particulièrement bien cette dernière caractéristique. Les compositions baroques se distinguent également par leur côté très théâtral, leurs effets illusionnistes, un certain déséquilibre et un grand dynamisme, comme en témoignent les œuvres de Pierre Paul Rubens (1577-1640) ou du Bernin (1598-1680). Enfin, mettant essentiellement en scène des sujets religieux, les œuvres baroques ont aussi une forte dimension symbolique : la représentation signifie toujours davantage que ce qu'elle montre.

En France, l'art baroque ne se développe que dans la première moitié du XVIIe siècle. La bourgeoisie et la cour sont alors très favorables à ce courant artistique représenté, notamment, par Georges de La Tour. Cependant, c'est seulement avec Louis XIV que l'art acquiert vraiment un rôle de propagande politique qui culminera avec l'avènement du classicisme.

LE SAVIEZ-VOUS ?

Dom Calmet (1672-1757), un érudit lorrain, rapporte que Louis XIV appréciait tant l'art réaliste qu'il fit enlever de sa chambre toutes les peintures qui la décoraient afin de n'y placer qu'une seule œuvre : un saint Sébastien peint par Georges de La Tour.

DES DÉBUTS ÉNIGMATIQUES

Georges de La Tour naît en 1593 à Vic-sur-Seille, près de Metz, dans une famille d'artisans boulangers et de maçons. Le premier document le mentionnant est son acte de baptême : il est baptisé le 14 mars 1593. Sa famille, d'obédience catholique, est relativement aisée. Il s'agit vraisemblablement de petits propriétaires.

Dès 1605, Georges de La Tour reçoit une formation artistique. Il est probable qu'il se rende alors à Nancy, où de nombreux peintres ont leur atelier, mais il se peut également qu'il soit resté à Vic, où se trouve l'artiste Claude Dogoz. Les années qui suivent font l'objet d'importants débats. Certains pensent qu'il a fait, comme la plupart des artistes lorrains, un voyage en Italie, tandis que d'autres affirment qu'il s'est rendu dans le Nord. Le seul fait certain est qu'il est de retour à Vic-sur-Seille en 1616.

En 1617, il se marie à Diane le Nerf, la fille d'un argentier du duc Henri II de Lorraine (1533-1624), avec qui il aura dix enfants, dont seuls trois survivront jusqu'à l'âge adulte. La famille de son épouse étant liée à la noblesse locale, ce mariage permet au peintre de gravir quelques échelons de l'échelle sociale. Georges de La Tour intègre alors la bourgeoisie de Lunéville, où il s'installe en 1620. À partir de ce moment, il jouit d'une certaine richesse et prend même un apprenti, Claude Baccarat. Sa renommée s'accroît très vite et, dès 1623, les commandes se multiplient, notamment pour le duc Henri II. Trois ans plus tard, Claude Royent de Remiremont rejoint lui aussi l'atelier du peintre en tant qu'apprenti.

PEINTRE DU ROI

Un document mentionne déjà la présence de Georges de La Tour à Paris en 1621-1622. Il y est renseigné en qualité d'opposant au duc Charles IV de Lorraine (1604-1675), mais il n'y a aucune autre trace de cet hypothétique premier séjour parisien.

La situation de la Lorraine étant relativement complexe au cours des années 1630 en raison des conflits entre le roi de France et le duc de Lorraine, Georges de La Tour doute de son avenir sur place. Mais cela ne l'empêche pas d'engager un nouvel apprenti, son neveu, François Nardoyen, en 1636.

Entre 1638 et 1642, il quitte la Lorraine et s'installe à Paris. Ce départ fait suite à l'incendie, en 1638, de Lunéville, alors au cœur des conflits, qui voit la destruction de la ville et d'une grande partie de l'œuvre du peintre. Celui-ci se rallie alors officiellement au roi de France. En 1639, il reçoit même le titre de « peintre ordinaire du roi », ainsi qu'un logement au Louvre, la résidence des rois de l'époque. La cour et son entourage lui passent de nombreuses commandes : le souverain, Richelieu et la duchesse d'Aiguillon, entre autres, font partie de ses clients les plus importants. Quant à ses commanditaires lorrains, ils se font plus rares, considérant le peintre comme un opportuniste, voire un traître à sa région natale.

DE RETOUR EN LORRAINE

Suite au changement de la situation en Lorraine, désormais contrôlée par les Français, Georges de La Tour rentre à Lunéville en 1643. Un des clients majeurs du peintre à cette époque n'est autre que le maréchal La Ferté (1599-1681), gouverneur français de Lorraine. Entre 1645 et 1651, l'artiste réalise pour ce dernier un grand nombre de toiles.

Cette période correspond par ailleurs à l'apogée de son activité de peintre et de son atelier. Son fils, Étienne, s'associe avec lui en 1646. De plus, un nouvel apprenti, Jean Nicolas Didelot, vient agrandir le groupe d'artistes en 1648.

Le 30 janvier 1652, Georges de La Tour s'éteint, deux semaines après son épouse, des suites de ce qui semble être une pleurésie. Il était alors au sommet de sa gloire.

UN HOMME VIOLENT ?

Parmi les quelques traces écrites conservées au sujet de Georges de La Tour, plusieurs mentionnent le caractère violent du peintre. Un document relate qu'il roua de coups un certain Drouin Bastien, en 1648, et qu'il paya ensuite l'apothicaire pour le soigner. Certains écrivirent même au duc de Lorraine pour se plaindre de ses agissements. Malgré cela, le peintre semblait tout de même apprécié de la population de Lunéville, car il est cité à plusieurs reprises en tant que parrain lors d'un baptême ou témoin pour un mariage.

CARACTÉRISTIQUES

ŒUVRES DIURNES ET ŒUVRES NOCTURNES

Il est extrêmement difficile de reconstituer la chronologie de l'œuvre de Georges de La Tour, car les toiles qui lui sont attribuées ne sont que rarement datées. Cependant, deux ensembles se dégagent : d'une part, les compositions diurnes, qui regroupent notamment *Les Mangeurs de pois*, *Le Vielleur au chien* ou encore sa série d'apôtres provenant d'Albi (*Saint Jacques le Mineur*, *Saint Jude Thaddée*, etc.) ; d'autre part, les compositions nocturnes, dont *Le Souffleur à la lampe*, *Saint Joseph Charpentier* (vers 1640) et *La Madeleine Wrightsman* (vers 1640). Selon certains historiens de l'art, les œuvres diurnes constituent la première période du peintre tandis que les œuvres nocturnes recouvrent la seconde – l'incendie de Lunéville en 1638 étant probablement le déclencheur de cette deuxième phase artistique. Selon d'autres, ces deux types de production alternent tout au long de sa carrière.

Dans ses compositions diurnes, Georges de La Tour s'intéresse à la beauté de la matière peinte. Il veille particulièrement à varier sa touche picturale et à peindre de façon élégante. Les découpes entre les différents plans sont nettes, de même que celles entre l'ombre et la lumière. De plus, les détails abondent et les couleurs présentent de nombreuses nuances.

Les compositions nocturnes sont pour leur part plus simples et plus épurées : les sujets sont placés à l'avant-plan et se détachent d'un fond homogène et clos, les formes sont plus géométriques et les couleurs sont appliquées en larges plages uniformes. Par ailleurs, les corps et les regards sont figés, ce qui crée une tension interne, les personnages sont moins élégants et moins fiers, et la luminosité est travaillée de manière à ce que le spectateur dirige son regard là où le peintre le souhaite – la lumière devient alors le symbole de la pensée de l'artiste. Cette évolution s'observe par exemple dans *Saint Sébastien soigné par Irène* (1649), *Les Joueurs de dés* et *Le Reniement de Saint Pierre* (1650). Mais, surtout, ses toiles prennent désormais un sens métaphysique : elles constituent une méditation sur la condition humaine.

DES SUJETS LIMITÉS ET UN STYLE TRÈS SOBRE

Les sujets peints par Georges de La Tour sont très limités. Il s'agit exclusivement de scènes de genre ou de scènes de dévotion, souvent grandeur nature. Mais même lorsque ses thèmes sont mystiques, ses scènes restent toujours réalistes. Ainsi, chaque œuvre semble représenter un moment de vie. Leurs dimensions et l'absence de compassion renforcent encore cette impression de réalisme. Toutefois, bien que le peintre ne témoigne aucune pitié vis-à-vis de ses sujets, ces derniers sont toujours pathétiques et misérables.

Quant au style de Georges de La Tour, il est globalement très sobre. Sa palette de couleurs est relativement restreinte : dans ses scènes diurnes, le peintre se contente d'utiliser des couleurs primaires à partir desquelles il développe une multitude de nuances, tandis que dans ses scènes nocturnes, il recourt davantage à des couleurs terreuses auxquelles il ajoute parfois une touche de rouge. Ses œuvres nocturnes ne présentent aucun décor ni détail superflu (par exemple, ses anges n'ont ni ailes, ni auréole), d'où la difficulté à interpréter correctement ses représentations. Ce dépouillement confère par ailleurs à ses œuvres un caractère poétique, mysté-rieux et atemporel : ce sont des instants pris sur le vif, mais ils semblent figés à jamais, en suspens et noyés dans le silence. La sobriété et le côté épuré de ses œuvres n'est probablement pas anodin en cette période de troubles religieux et traduit également une importante religiosité. Dans ses scènes religieuses, en particulier, Georges de La Tour semble faire référence, d'une part, à la pensée franciscaine qui se développe à cette époque et réhabilite l'homme – son focus sur l'homme témoignant clairement de cette influence –, d'autre part, aux préceptes mis en place par le concile de Trente, notamment en ce qui concerne les arts, chargés de mettre en avant le sacré sans que rien ne vienne distraire le spectateur. L'absence de détail et la simplicité des compositions nocturnes de Georges de La Tour vont dans ce sens.

Enfin, notons que l'originalité majeure de l'artiste réside dans la simplification des plans, principalement dans les scènes nocturnes, et dans la luminosité particulière de ses tableaux, la lumière émanant souvent d'une simple bougie. La *Madeleine à la veilleuse* (1640-1645) en constitue un exemple emblématique. Aussi Georges de La Tour représente-t-il régulièrement ses personnages de face, mais détournant le regard, comme c'est le cas dans *Le Tricheur à l'as de carreau* (1625). C'est très rare dans l'histoire de la peinture.

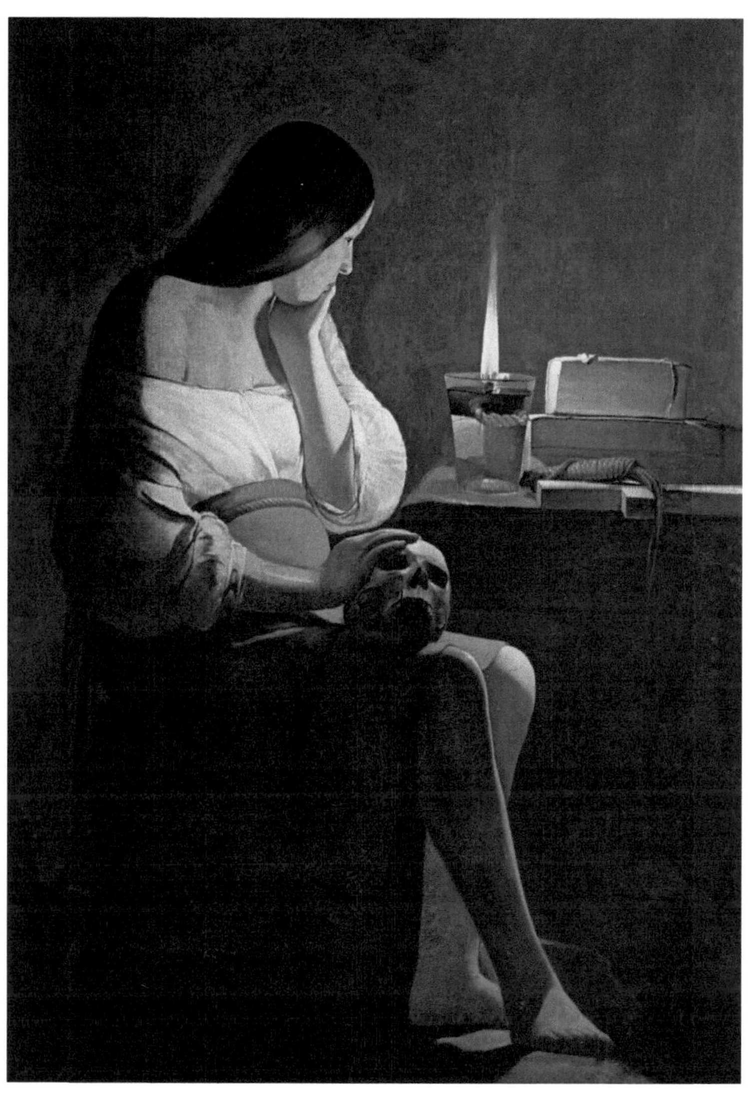

La Tour (Georges, de), *Madeleine à la veilleuse*, 1640-1645, huile sur toile, 128 x 94 cm, Paris, musée du Louvre.

L'INFLUENCE DU CARAVAGE

Bien que l'on ignore tout de la formation artistique de Georges de La Tour, on distingue dans ses œuvres l'influence de plusieurs maîtres de l'époque. Mais il est impossible, à l'heure actuelle, de déterminer s'il a réellement rencontré ces artistes ou leurs élèves, ou même simplement vu leurs œuvres.

L'influence du Caravage (1571-1610), en particulier, est surtout perceptible dans ses scènes diurnes, notamment en ce qui concerne le choix des thèmes, mais également dans leur traitement. En effet, à l'instar de l'artiste italien, Georges de La Tour peint des scènes issues de la vie quotidienne, avec beaucoup de réalisme et sans pitié pour ses sujets. Toutefois, le réalisme de Georges de La Tour le rapproche davantage des caravagesques du Nord, notamment de Lucas de Leyde (1494-1533) ou de Gerrit van Honthorst (1592-1656), que du Caravage lui-même. Comme eux, il recourt à la vue plongeante, à la géométrisation des formes et au refus de profondeur. Ces similitudes nous amènent à penser que le peintre s'est peut-être formé dans les régions du Nord et non en Italie. Une hypothèse renforcée par sa manière de représenter les visages, qui rappelle la production des Allemands Albrecht Dürer (1471-1528) et Hans Holbein le Jeune (1497-1543), deux grands maîtres du portrait.

Mais l'influence caravagesque sur l'œuvre de Georges de La Tour ne s'arrête pas là. Le clair-obscur de ses compositions rappelle également, sans aucun doute, les œuvres du Caravage. Cependant, ici, non seulement le peintre français se distingue du maître italien, mais aussi de ses suiveurs flamands : il n'a pas leur côté pittoresque et leur théâtralité. À travers ses jeux de clair-obscur, il donne à voir la pensée intérieure, l'extase ou la piété de ses personnages. Autrement dit, ceux-ci servent de prétexte à montrer quelque chose de plus profond. De ce fait, son réalisme n'en est plus tout à fait un puisqu'il sert à donner une leçon ou à réfléchir à la condition humaine, comme c'est notamment le cas dans *La Diseuse de bonne aventure* ou dans ses différents *Tricheurs*. Il pousse encore plus loin ses réflexions dans ses compositions nocturnes, où le religieux gagne en importance.

DES THÈMES RÉCURRENTS

Certains thèmes, tels que la Madeleine ou le vielleur, sont récurrents chez Georges de La Tour. Ces sujets, qui rencontraient sans doute un certain succès au XVIIe siècle, sont réinterprétés à chaque fois avec de légères variations.

LE TRICHEUR À L'AS DE CARREAU

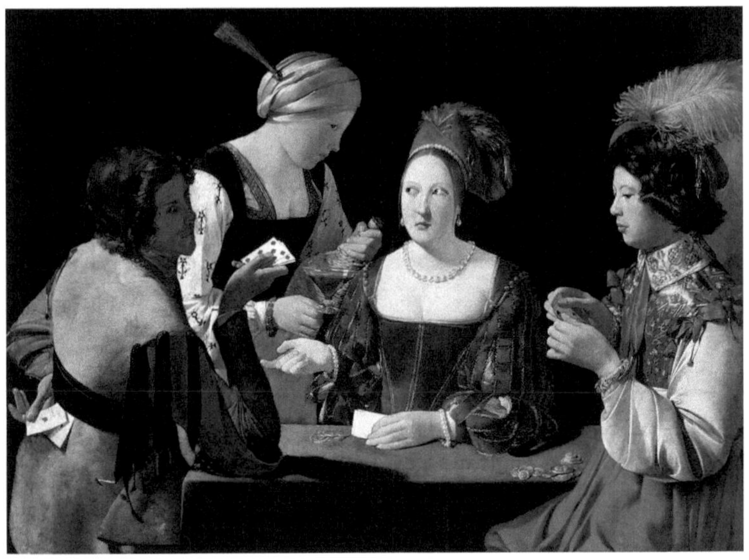

Le Tricheur à l'as de carreau, 1620-1640, huile sur toile, 106 x 146 cm, Paris, musée du Louvre.

Cette toile de Georges de La Tour est redécouverte en 1926 et authentifiée par l'inscription « Georgius De La Tour fecit » dans l'ombre de la nappe, sous le coude du tricheur. Il en existe une variante, avec quelques changements dans les détails : il s'agit du *Tricheur à l'as de trèfle* (1630-1640), consérvée au Kimbell Art Museum de Fort Worth, au Texas.

La scène compte quatre personnages attablés et jouant aux cartes : de gauche à droite, on trouve le tricheur, la servante, la courtisane et le joueur. Il s'agit là de l'un des sujets favoris du Caravage, à qui l'œuvre a longtemps été attribuée. Certains y voient une allusion à la parabole du fils prodigue, car le jeune homme qui se laisse duper est sur le point de perdre toute sa fortune.

Georges de La Tour aborde simultanément trois thèmes : les femmes, le jeu et le vin, trois tentations très populaires au XVIIe siècle. L'œuvre délivre un message moral : se complaire dans la luxure, le jeu et la boisson n'apporte rien de bon.

Les jeux de regards traduisent la connivence entre les personnages, particulièrement entre le tricheur, la servante et la courtisane, qui se liguent contre le joueur. Le tricheur, tirant un as de carreau de sa ceinture, regarde de biais le spectateur, ainsi pris à partie dans le jeu de dupes. Les regards des deux femmes forment avec le tricheur un triangle, dont est exclu le jeune joueur dupé, à droite – une exclusion encore accentuée par la position des personnages. De plus, les jeux de mains soulignent également l'union des trois figures de gauche face au jeune joueur : la main de la courtisane pointe vers la servante et le tricheur, comme pour donner ses instructions, les mains de la servante sont complètement tournées vers la jeune femme et la main droite du tricheur se superpose quant à elle à celles des jeunes femmes.

Le fond, très sombre, permet de mettre en avant les objets de luxure : l'argent, les bijoux ainsi que les tenues riches et colorées. Les traits des personnages sont stylisés, voire géométriques, et la lumière découpe leurs profils de manière très nette. Seul le visage du tricheur reste dans l'obscurité, comme pour mieux marquer son appartenance au monde du vice. Enfin, la richesse des couleurs utilisées et l'intensité de la lumière rattachent l'œuvre aux compositions diurnes de l'artiste.

RIXE DE MUSICIENS

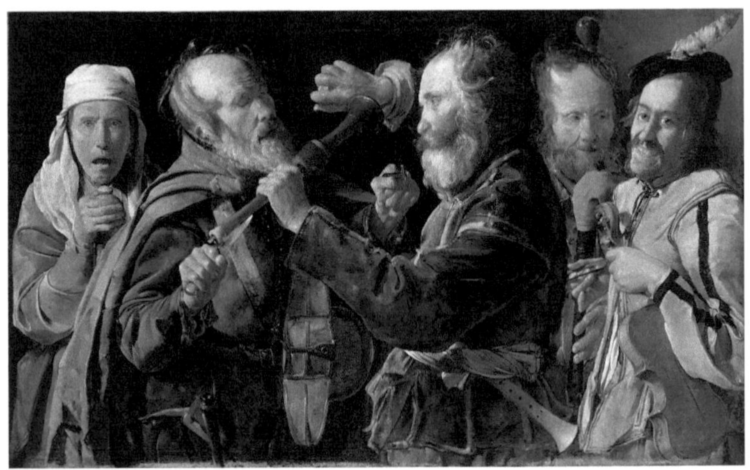

Rixe de musiciens, 1625-1630, huile sur toile, 94 x 140 cm, Malibu, J. Paul Getty Museum.

D'abord attribué au Caravage, ce tableau n'est connu jusqu'aux années 1950 que grâce à une copie, située à Chambéry et attribuée aux frères Le Nain (Antoine et Louis, entre 1597 et 1607-1648, et Mathieu, vers 1607-1677).

Le thème de cette œuvre est très populaire grâce à une gravure sur le même sujet du peintre nancéien Jacques Bellange (1575-1616), qui connaît alors une importante renommée en France et a peut-être été le maître de Georges de La Tour. Elle représente à l'avant-plan une bagarre entre deux musiciens, un vielleur à gauche et un flûtiste à droite, encadrés par une vieille femme terrorisée et deux musiciens moqueurs. Mais il semble que ce soit davantage qu'une simple querelle. En témoigne la lame du couteau pointée par le vielleur aveugle, prolongée par la flûte qui sert de défense à son opposant. Aussi le flûtiste semble-t-il vérifier la cécité de son adversaire en lui projetant du jus de citron dans les yeux. Quant aux personnages qui les entourent, ils offrent un aperçu des différentes attitudes possibles face à un tel épisode : la femme qui pleure est opposée à l'homme qui rit et à celui qui intègre le spectateur à la scène avec un air moralisateur.

La composition est à la fois très géométrique et très dynamique. La géométrie provient de l'alignement des figures et de leur groupement, qui scande l'espace en trois ensembles et fige la scène. L'attitude et la frontalité de la vieille femme accentuent également cette fixité. Mais les mouvements des personnages confèrent en même temps à l'œuvre un grand dynamisme. Les mains indiquent les directions à suivre et nous entraînent vers la querelle. Aussi est-il amusant de remarquer que toutes sont fermées en un poing, soulignant l'atmosphère tendue de la scène. En outre, les personnages semblent à l'étroit, donnant l'impression de pouvoir surgir du cadre à tout moment.

L'utilisation des couleurs permet également d'attirer le regard du spectateur sur les personnages en conflit. Ceux-ci se détachent en effet des personnages latéraux par leurs tenues plus sombres. Ils sont par ailleurs encadrés par des diagonales partant des angles inférieurs, la plus repérable étant celle formée par le dos du vielleur aveugle.

LE VIELLEUR AU CHAPEAU

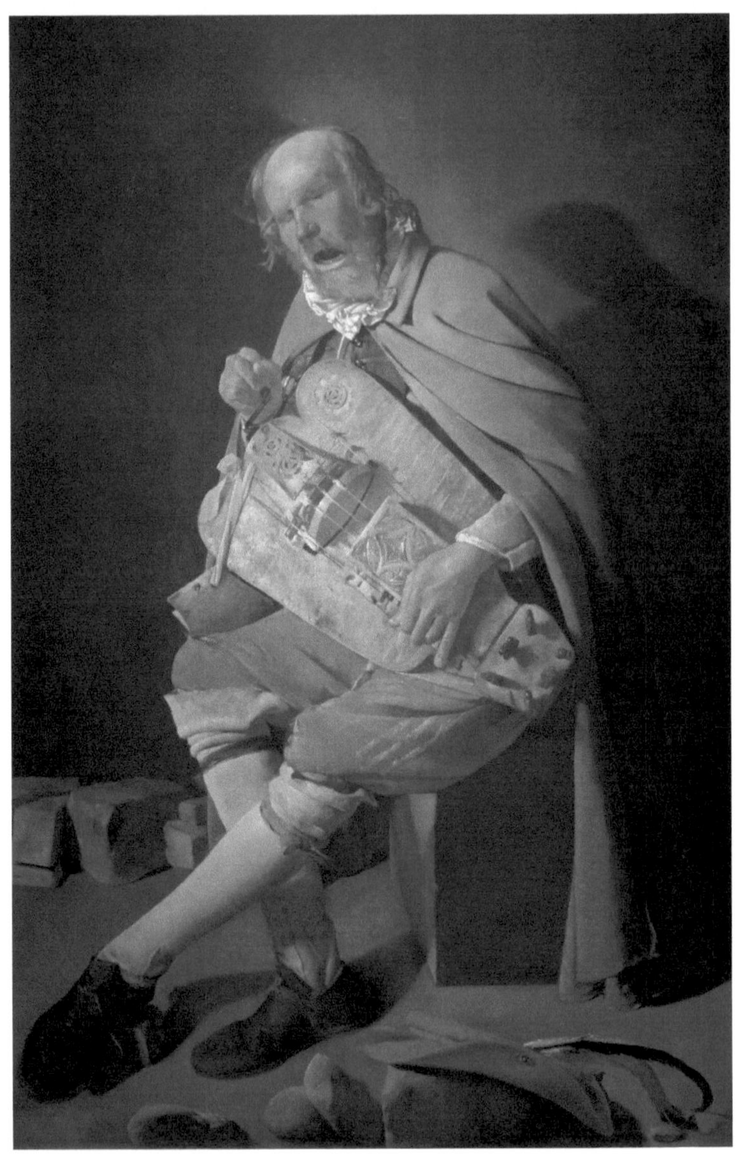

Le Vielleur au chapeau, 1631-1636, huile sur toile, 162 x 105 cm, Nantes, musée des Beaux-Arts.

Ce tableau a longtemps été rattaché à la peinture espagnole. Aujourd'hui, il est considéré comme l'un des plus grands chefs-d'œuvre de Georges de La Tour, voire du réalisme lorrain.

Le thème du vieux joueur de vielle est très présent dans l'ensemble de l'œuvre du peintre, qui y consacre plusieurs toiles avec de légères variations : *Le Vielleur au chien*, *Le Vielleur à la sacoche* (1625), etc. La version de Nantes doit son nom au chapeau rouge placé aux pieds du musicien ou à la mouche représentée sur le livret, cette œuvre étant parfois appelée *Le Vielleur à la mouche*.

Les couleurs sont particulièrement terreuses : elles se limitent à une variété de bruns et de beiges, et à une touche de rouge qui crée un important contraste. La touche de vieux rose du ruban reliant le livret à la vielle attire également l'attention. La lumière, qui éclaire l'ensemble de la composition et rattache cette œuvre à la période diurne du peintre, fige le personnage dans sa chanson et plonge la scène dans un silence qui semble prêt à se briser. En effet, le réalisme de la représentation donne l'impression que la voix du vielleur va surgir du tableau.

Le peintre représente le joueur de vielle avec une grande précision : on devine sa cécité à la couleur de ses yeux, sa bouche est déformée, des rides creusent son visage, ses cheveux et sa barbe sont peu soignés, ses vêtements semblent poussiéreux. Grâce à ces quelques éléments emprunts de vérité, Georges de La Tour parvient à dire toute la misère de son personnage, sans aucune compassion pour ce dernier. L'écrivain Stendhal (1783-1842) admirait d'ailleurs ce tableau pour son « ignoble et effroyable vérité ». Toutefois, cette œuvre n'est pas moralisatrice. Certes, elle montre la déchéance humaine, mais elle a plutôt pour objectif le divertissement. Ce type de tableau était en effet très apprécié du public bourgeois, qui y voyait une manière de se divertir de la vie miséreuse des plus pauvres grâce à la qualité et au réalisme de la représenta-tion. Dans ce cadre, la présence de la mouche doit être comprise comme un jeu du peintre : elle amuse les spectateurs qui essayent de la chasser de la toile, tout en prouvant le talent de Georges de La Tour.

LE NOUVEAU-NÉ

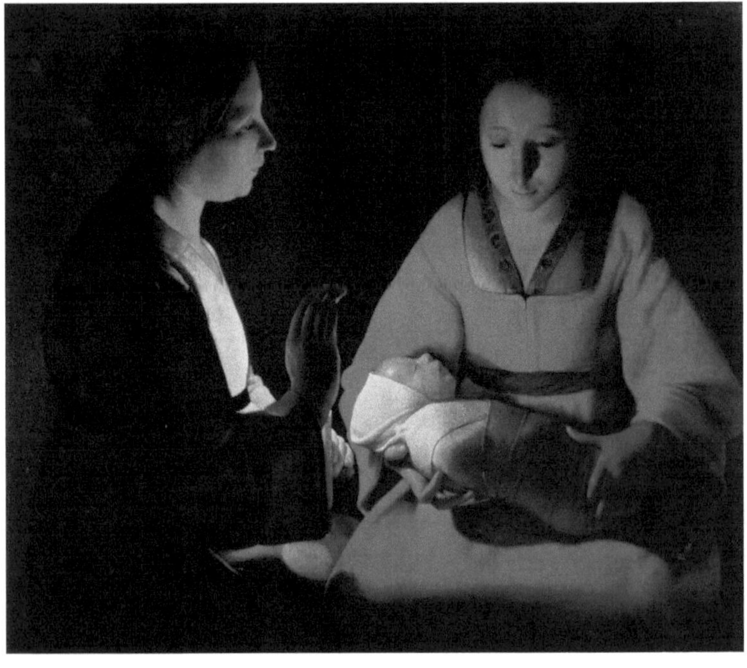

Le Nouveau-né, 1645-1648, huile sur toile, 76 x 91 cm, Rennes, musée des Beaux-Arts.

Longtemps attribuée aux frères Le Nain, cette œuvre est aujourd'hui reconnue comme un chef-d'œuvre de Georges de La Tour. Il s'agit de la toile la plus diffusée du maître, probablement parce qu'elle est à l'origine de la redécouverte de l'artiste par Hermann Voss en 1915.

Deux femmes contemplent un nouveau-né emmailloté dans ses langes. Seule une bougie que l'on ne peut que deviner, cachée par la main droite de la femme de profil, éclaire la scène, diffusant une lumière quasi magique. Le style de la composition est particulière-ment épuré : les visages sont lisses, les mains sont cachées dans la pénombre et les formes sont très géométriques – la mère est d'ailleurs presque réduite à un triangle. La lumière et le rouge de la robe guident le regard du spectateur vers cette dernière et son bébé, tandis que la femme de profil émerge de l'obscurité. Les tons sont, dans l'ensemble, très foncés. Cette noirceur nous incite à penser que la scène représente non pas une naissance, mais le décès d'un jeune enfant. Elle renverrait alors aux drames qui ont émaillé la vie du peintre, qui a lui-même perdu sept enfants en bas âge. Cette hypothèse est également appuyée par l'attitude du bébé, complè-tement figé dans ses langes, comme dans un linceul.

Les regards des deux femmes posés sur le bébé sont empreints d'un sentiment indéfinissable. Si l'on devine l'esquisse d'un sourire sur leurs visages, leurs yeux semblent regarder plus loin que l'enfant, comme s'ils contemplaient son avenir. Par leur gravité, leurs regards semblent annoncer un futur tragique, ce qui pourrait laisser croire que la scène est une représentation de la Nativité. Dans cette hypo-thèse, la femme vêtue de rouge serait Marie tandis que le personnage de profil serait sa mère, sainte Anne. Mais ici, comme dans le reste de ses œuvres métaphysiques, Georges de La Tour ne représente pas la contemplation divine de manière extasiée, à l'instar des peintres baroques. La contemplation du divin se tourne non vers le ciel, mais bien vers l'intériorité humaine, ce qui se traduit par des regards baissés.

Notons enfin que la simplicité de la composition semble répondre aux exigences du concile de Trente : les personnages sont humbles et rien ne peut détourner le regard de la jeune femme sur son enfant.

Si aucun détail ne permet de valider l'hypothèse d'une scène religieuse, le peintre parvient cependant, avec très peu de moyens, à conférer à une scène simple une véritable religiosité. Qu'elle soit pieuse ou non, sa toile traduit la réalité de la relation entre une mère et son enfant.

GEORGES DE LA TOUR, UNE SOURCE D'INSPIRATION

De son vivant, Georges de La Tour fait partie des peintres les plus prisés. Mais malgré cela, son influence est extrêmement limitée, voire inexistante. En effet, il semble que tous ceux qu'il ait formés dans son atelier se soient par la suite détournés de la peinture : aucun de ses apprentis n'a produit d'œuvre significative dont on ait gardé la trace. Même son fils, Étienne, délaisse l'atelier paternel et abandonne la peinture à la mort de son père. Cessant toute activité artistique, il se consacre entièrement à son ascension sociale, taisant ses origines modestes et le travail de son père.

De plus, après son décès, Georges de La Tour tombe dans l'oubli total, au point que ses œuvres sont attribuées à d'autres peintres. Il est même assimilé à un certain Quentin Delatour (1704-1788). Ce faisant, on nie jusqu'à son existence. Il faut attendre la fin du XIXe siècle pour qu'enfin des expositions lui soient consacrées et que le public redécouvre peu à peu ses œuvres. À partir de ce moment, nombreux sont les artistes à vouloir se l'approprier, en particulier les cubistes.

Né vers 1906-1907, le cubisme compte parmi ses premiers et plus célèbres représentants Pablo Ruiz Picasso (1881-1973) et Georges Braque (1882-1963). Ces derniers admirent, dans l'œuvre de Georges de La Tour, les plans simples, les plages de couleur uniformes, l'absence de superflu et, bien entendu, la géométrisation des formes. Toutefois, ils poussent cet exercice de géométrisation bien plus loin que Georges de La Tour, ne se contentant plus de montrer une seule réalité, mais bien plusieurs facettes de celle-ci simultanément. Ils trouvent ainsi en lui un précurseur, bien que l'objectif du peintre français ait plutôt été de capter au mieux l'humanité de ses sujets.

L'œuvre de Paul Cézanne (1839-1906), considéré comme un précurseur du cubisme, fait également écho à la production de Georges de La Tour, par l'agencement des formes et des couleurs. Enfin, on retrouve aussi la simplification des formes et l'application de plages de couleurs chez Paul Gauguin (1848-1903) et Henri Matisse (1869-1954).

EN RÉSUMÉ

- Georges de La Tour, né en 1593, devient l'un des peintres français les plus célèbres de son époque. Cependant, à sa mort, en 1652, la plupart de ses œuvres sont perdues et il tombe dans l'oubli. Il ne sera redécouvert qu'au début du XXᵉ siècle, mais, encore aujourd'hui, sa biographie compte beaucoup de lacunes, et l'attribution et la datation de ses œuvres font toujours débat.

- Sa production se subdivise en deux ensembles distincts : les compositions diurnes et les compositions nocturnes. Dans les premières, Georges de La Tour veille surtout à peindre de manière élégante, représente de nombreux détails et recourt à de multiples nuances de couleurs. Dans les secondes, l'artiste évolue vers un style plus simple et plus épuré, ses formes sont plus géométriques et les couleurs sont appliquées en larges aplats uniformes.

- De manière générale, il privilégie les scènes de genre ou de dévotion, qu'il peint de manière très sobre avec un grand souci de réalisme. Son originalité réside dans la simplification des plans et dans la luminosité particulière de ses œuvres, la lumière émanant souvent d'une simple bougie.

- Son œuvre témoigne par ailleurs d'influences diverses, dont celle du Caravage et de ses suiveurs flamands. Georges de La Tour leur emprunte notamment leurs sujets, issus de la vie quotidienne, leur réalisme et leurs jeux de clair-obscur, qui lui permettent de mettre l'accent sur l'intériorité de ses personnages.

- Redécouvert au début du XXᵉ siècle, Georges de La Tour devient une importante source d'inspiration pour Pablo Ruiz Picasso et Georges Braque, à l'origine du cubisme. Ces derniers admirent chez le peintre français les plans simples, les plages de couleur uniformes, l'absence de superflu et, bien entendu, la géométrisation des formes.

POUR ALLER PLUS LOIN

SOURCES BIBLIOGRAPHIQUES

- CHONÉ (Paulette), *Georges de La Tour. Un peintre lorrain au XVIIe siècle*, Tournai, Casterman, 1996.
- CUZIN (Jean-Pierre), *Figures de la réalité. Caravagesques français, Georges de la Tour, les frères Le Nain...*, Paris, Hazan, 2010.
- CUZIN (Jean-Pierre) et SALMON (Dimitri), *Georges de La Tour. Histoire d'une redécouverte*, Paris, Gallimard-Electa, 1997.
- FRIDE-CARASSAT (Patricia), *Les Maîtres de la peinture*, Paris, Larousse, 2001.
- « Georges de La Tour », in *Beaux-Arts Magazine*, hors-série, n° 148, 1997.
- GERMAIN (Sylvie), *Ateliers de lumière : Piero della Francesca, Johannes Vermeer, Georges de La Tour*, Paris, Desclée De Brouwer, 2004.
- LANDRY (Pierre), *Georges de La Tour. Orangerie des Tuileries. 10 mai-25 septembre 1972*, Paris, RMN, 1972.
- OTTANI CAVINA (Anna) et GROUVEL (Françoise), *La Tour*, Paris, Hachette, 1967.
- QUIGNARD (Pascal), *La Nuit et le Silence. Georges de La Tour*, Charenton, Flohic, 1995.
- ROSENBERG (Pierre) et MACÉ DE LÉPINAY (François), *Georges de La Tour. Vie et œuvre*, Paris, Office du livre, 1972.
- THUILLIER (Jacques), *Tout l'œuvre peint de Georges de La Tour*, Paris, Flammarion, 1973.
- WALTHER (Ingo), *Les Maîtres de la peinture occidentale. Du gothique au néo-classicisme*, Cologne, Taschen, 2005.

SOURCES ICONOGRAPHIQUES

- LA TOUR (Georges, de), *Le Nouveau-né*, 1645-1648, huile sur toile, 76 x 91 cm, Rennes, musée des Beaux-Arts. La photo reproduite est réputée libre de droits.
- LA TOUR (Georges, de), *Le Tricheur à l'as de carreau*, 1620-1640, huile sur toile, 106 x 146 cm, Paris, musée du Louvre. La photo reproduite est réputée libre de droits.
- LA TOUR (Georges, de), *Le Vielleur au chapeau*, 1631-1636, huile sur toile, 162 x 105 cm, Nantes, musée des Beaux-Arts. La photo reproduite est réputée libre de droits.
- LA TOUR (Georges, de), *Madeleine à la veilleuse*, 1640-1645, huile sur toile, 128 x 94 cm, Paris, musée du Louvre. La photo reproduite est réputée libre de droits.
- LA TOUR (Georges, de), *Rixe de musiciens*, 1625-1630, huile sur toile, 94 x 140 cm, Malibu, J. Paul Getty Museum. La photo reproduite est réputée libre de droits.

SOURCES COMPLÉMENTAIRES

- *Georges de La Tour*, documentaire d'Alain Cavalier, France, 1999.
- *Le Tricheur à l'as de carreau*, documentaire d'Alain Jaubert, France, 1990.

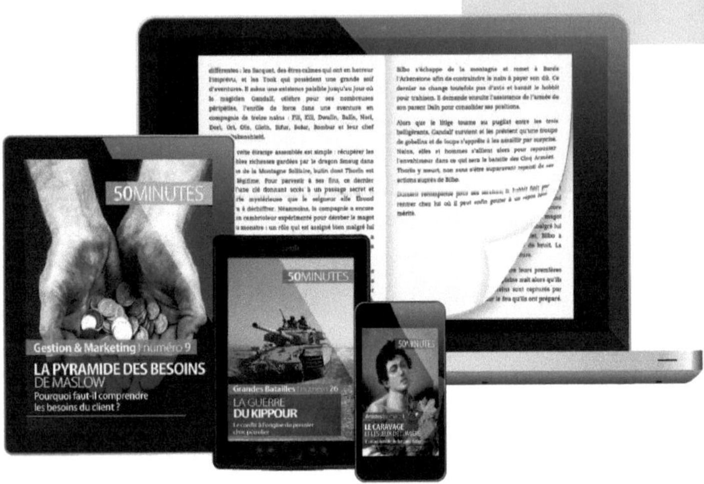

50MINUTES
Art & Littérature
Business & Econo...
Histoire & Société
Gestion & Marketing | numéro 9
LA PYRAMIDE DES BESOINS DE MASLOW
Pourquoi faut-il comprendre les besoins du client ?
Grandes Batailles | numéro 26
LA GUERRE DU KIPPOUR
LE CARAVAGE
SOYEZ LÀ
OÙ ON NE VOUS ATTEND PAS !
www.50minutes.com

www.50minutes.com

Éditeur responsable : Lemaitre Publishing
Rue Lemaitre 4 | BE-5000 Namur
info@lemaitre-editions.com

ISBN ebook : 978-2-8062-6155-7
ISBN papier : 978-2-8062-6156-4
Dépôt légal : D/2015/12603/119
Photo de couverture : © *Madeleine à la veilleuse*, 1640-1645, par Georges de La Tour.

Conception numérique : Primento, le partenaire numérique des éditeurs